Dieses
Buch gehört:

_E_

♥

1. Auflage / 2019
ISBN: 978-3-96443-942-0

Versand und Vertrieb durch Nova MD
Raiffeisenstraße 4
83377 Vachendorf

Printed in Czech Republic

für immer wir

♥

Ein Buch für die schönsten
Erinnerungen an unsere Hochzeitstage!

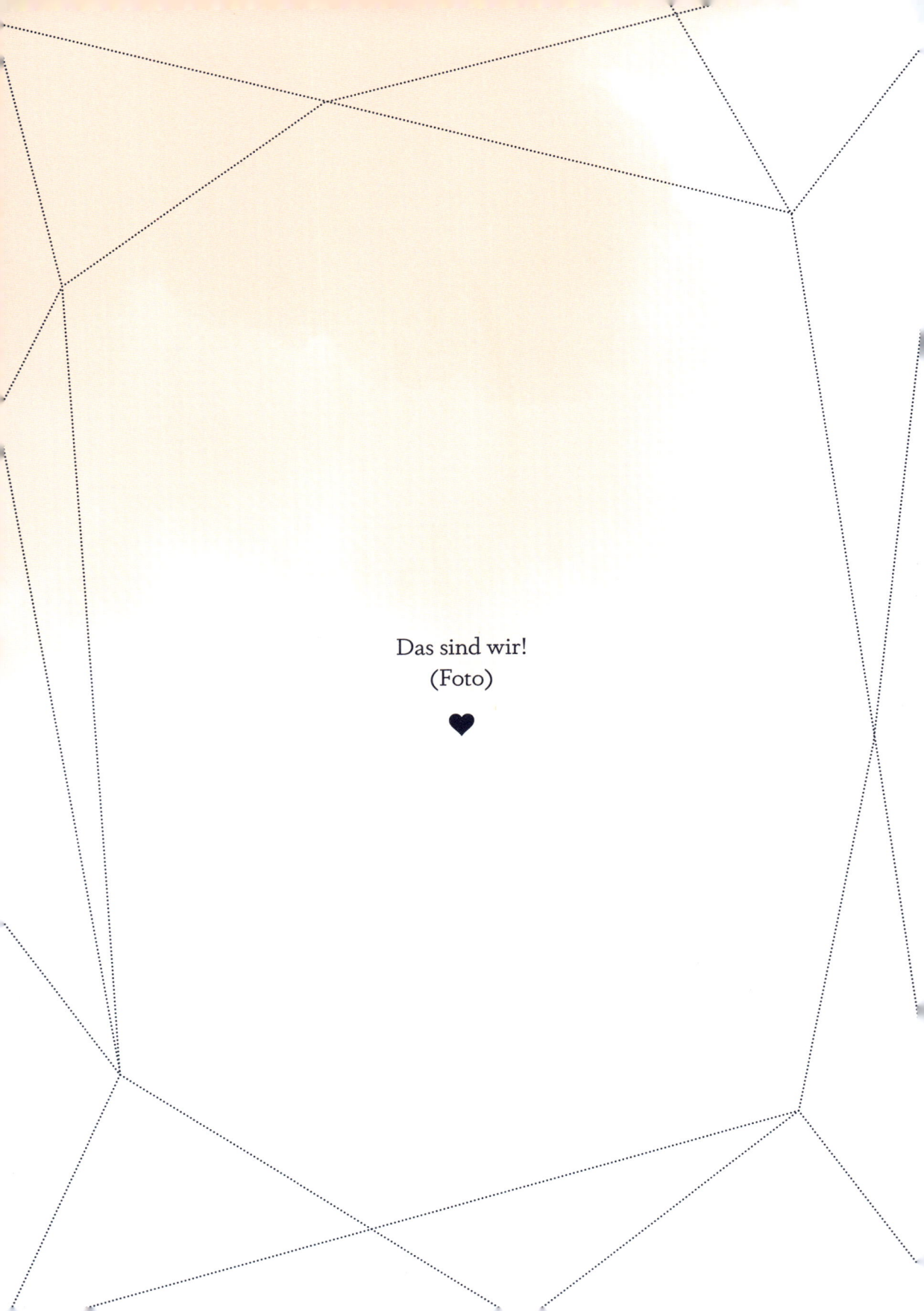

Das sind wir!
(Foto)

Meilensteine

♥

Sonne
KANN NICHT
OHNE SCHEIN,
MENSCH NICHT
OHNE *Liebe*
SEIN.

- Johann Wolfgang von Goethe -

Erste Momente

♥

Was ist euch als Erstes an dem anderen aufgefallen?

Sie .... *Er* ....

....

....

....

....

Von wem ging die Initiative aus?

....

Was habt ihr bei eurem ersten Date gemacht?

....

....

....

Wo und wann
seid ihr euch
das erste Mal begegnet?

Worüber habt ihr euch unterhalten?

....

....

....

....

War es Liebe auf den ersten Blick?

Sie .... *Er* ....

Woran habt ihr gemerkt, dass ihr verliebt seid?

Sie .... *Er* ....

....

....

....

Wo und wann habt ihr euch das erste Mal geküsst?

....

Versucht das Gefühl dieses ersten Kusses zu beschreiben...

Sie .... *Er* ....

....

....

....

Wer hat das erste Mal „Ich liebe dich!" gesagt?
Und in welcher Situation?

....

....

....

Sie

Kleinigkeiten des Alltags!

♥

Das Leben ist zum Genießen da.
Was machst du gern, was tut dir gut?

....

....

Deine Hobbys

....

Deine Lieblingsmusik   Dein/e Lieblingsfilm /-serie

....

Dinge, die du immer in der Tasche hast

....

Dein Lieblingsessen   Dein liebster Platz

....

Datum ....

Er

Kleinigkeiten des Alltags!

♥

Das Leben ist zum Genießen da.
Was machst du gern, was tut dir gut?

....

....

Deine Hobbys

....

Deine Lieblingsmusik   Dein/e Lieblingsfilm /-serie

....

Dinge, die du immer in der Tasche hast

....

Dein Lieblingsessen   Dein liebster Platz

....

Datum ....

Du und ich:
WIR SIND EINS.
ICH KANN DIR
NICHT WEHTUN,
OHNE MICH ZU
VERLETZEN.

- Mahatma Gandhi -

Wir heiraten

♥

Wer hat den Heiratsantrag gemacht und wie?

....

....

....

....

Versucht das Gefühl an diesem Tag zu beschreiben...

Sie ....   Er ....

....

....

....

....

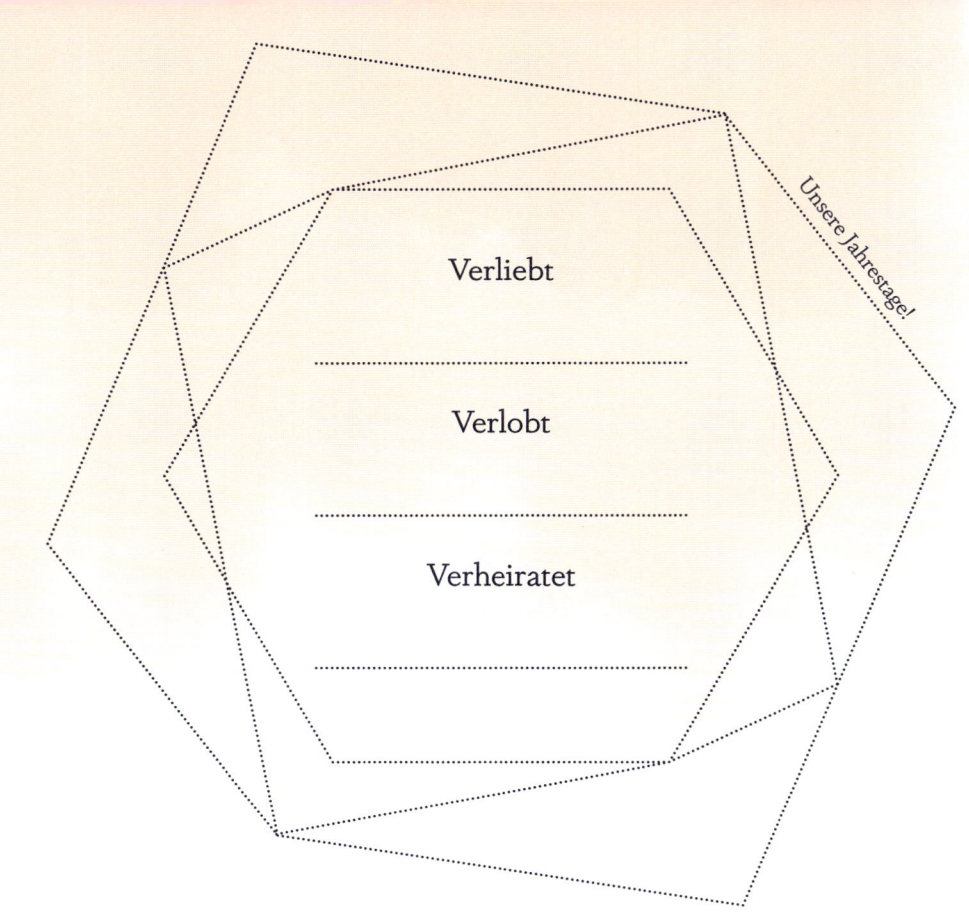

Verliebt

....

Verlobt

....

Verheiratet

....

Wie haben Familie & Freunde auf eure Verlobung reagiert?

....

....

....

....

....

Wer hat die Hochzeit geplant?

....

Wo habt ihr gefeiert und wie war das Wetter?

....

....

Wie viele Gäste waren geladen?

....

Welche Menschen habt ihr vermisst?

Sie .... *Er* ....

....

....

Wie war die Stimmung?

....

....

Wer von euch hatte beim Anschnitt der
Hochzeitstorte die Hand oben?

....

Was waren die schönsten Momente für euch
und was habt ihr dabei gefühlt?

Sie ································· Er ·································

······························· ·······························

······························· ·······························

······························· ·······························

······························· ·······························

······························· ·······························

······························· ·······························

Über welche Pannen oder Missgeschicke könnt ihr heute lachen?

··

··

··

··

Wie fühlt es sich an Mann & Frau zu sein?

Sie .... *Er* ....

....

....

....

Wo habt ihr die Flitterwochen verbracht.

....

Die Flitterwochen - ein kleiner Reisebericht...

....

....

....

....

....

....

Ein bisschen Platz für euch...

Für besondere Erinnerungen!

....

....

....

....

....

....

....

....

....

....

....

....

....

....

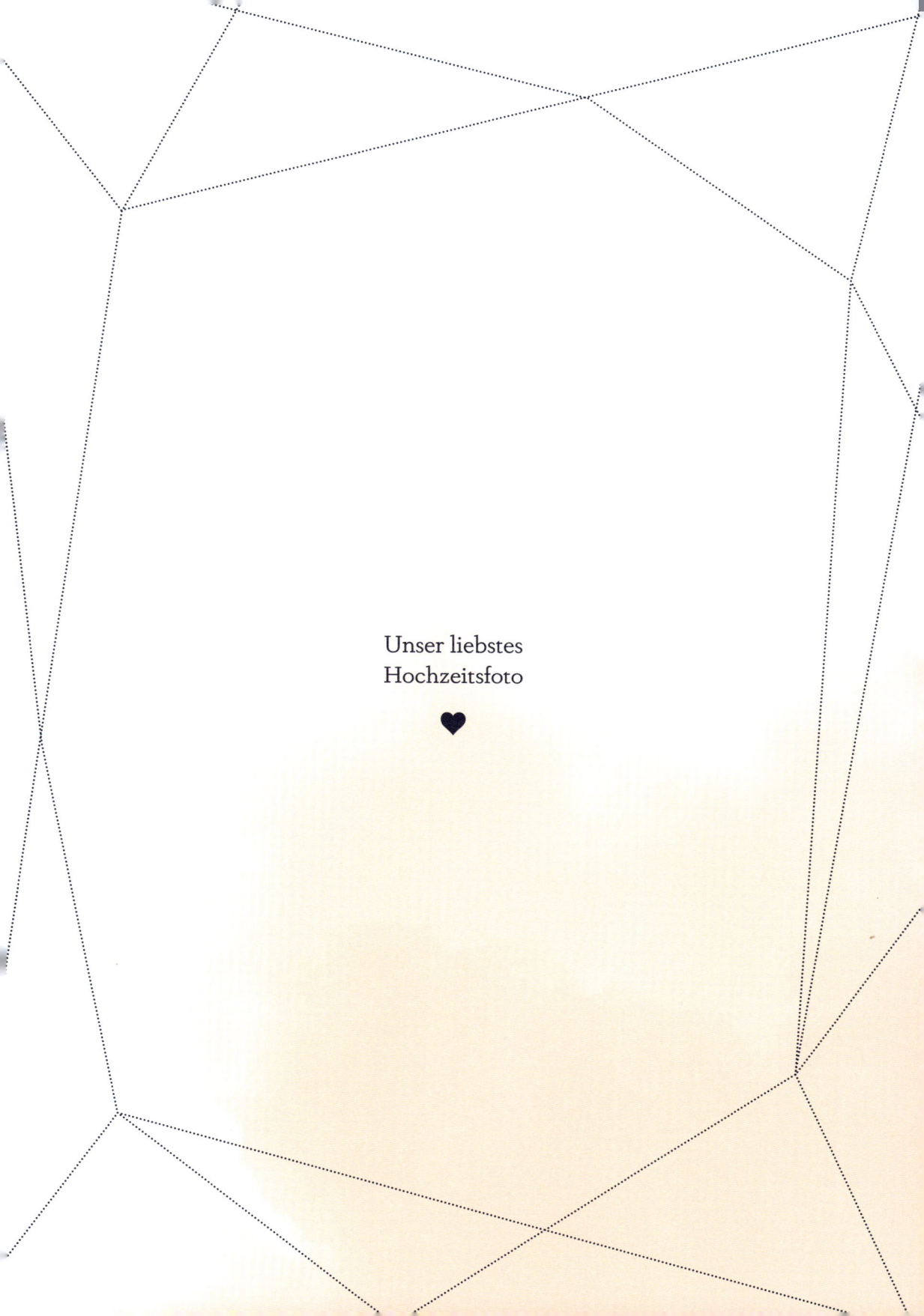

Unser liebstes
Hochzeitsfoto

♥

Sie

Abenteuer Leben!

♥

Wie stellst du dir euer gemeinsames Leben vor?
Welche Träume und Pläne hast du? Was ist dir wichtig?

....

....

....

....

Das plane ich ganz sicher...

Karriere	☐ ja	☐ nein	Kinder	☐ ja	☐ nein
Weltreise	☐ ja	☐ nein	Hauskauf	☐ ja	☐ nein
Haustiere	☐ ja	☐ nein	Sportwagen	☐ ja	☐ nein

Datum ....

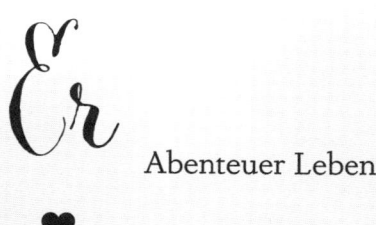

Er

Abenteuer Leben!

♥

Wie stellst du dir euer gemeinsames Leben vor?
Welche Träume und Pläne hast du? Was ist dir wichtig?

....

....

....

....

Das plane ich ganz sicher...

Karriere	☐ ja	☐ nein	Kinder	☐ ja	☐ nein
Weltreise	☐ ja	☐ nein	Hauskauf	☐ ja	☐ nein
Haustiere	☐ ja	☐ nein	Sportwagen	☐ ja	☐ nein

Datum ....

Lieben heißt,

UNSER GLÜCK

IN DAS GLÜCK

EINES ANDEREN

ZU LEGEN.

- Gottfried Leibniz -

1. Hochzeitstag

♥

Wie fühlt sich euer Leben an?

Sie .... Er ....

....

....

....

Wie sieht für euch der perfekte Abend zu zweit aus?

....

....

....

....

Papierhochzeit

Welches Verhalten findet ihr am anderen ziemlich kurios?

Sie .... *Er* ....

....

....

....

....

Worum ging es in euem bisher größtem Streit?

....

....

....

....

Was tut ihr dem anderen zuliebe?

Sie .... *Er* ....

....

....

Was macht ihr am liebsten mir euren Freunden?

....

....

....

....

Wer sind eure besten Freunde?

Sie .... *Er* ....

....

Wofür hättet ihr gerne mehr Zeit?

Sie .... *Er* ....

....

....

....

....

....

Gemeinsamkeiten

Die verbinden!

♥

Gegensätze

Die sich anziehen!

Die Liebe ist
UNTER DEN
TUGENDEN, WAS
DIE SONNE UNTER
DEN STERNEN:
SIE GIBT IHNEN
GLANZ UND
SCHÖNHEIT.

- Franz von Sales -

2. Hochzeitstag

♥

Welche Dinge liebt ihr besonders am anderen?

Sie .... **Er** ....

....

....

....

....

Wie sieht eine ganz normale Woche bei euch aus?

....

....

....

....

....

....

Was hat euch am jeweils anderen doch noch einmal überrascht?

Sie .... Er ....

....

....

....

Bei welcher Sache lasst ihr euch ungern reinreden?

Sie .... Er ....

....

....

Bei welchen Themen ist euch der Rat des anderen wichtig?

Sie .... Er ....

....

....

Gibt es etwas, das ihr ohne den anderen nie getan hättet?

Sie .... Er ....

....

....

....

....

Wovon träumt ihr beide?

....

....

....

....

Was könnt ihr tun um eure Träume zu verwirklichen?

....

....

....

....

ALLES

BESIEGT

DIE *Liebe*.

- Franz von Sales -

3. Hochzeitstag

♥

Welche besonderen Augenblicke der letzten Zeit werdet
ihr nie vergessen?

....

....

....

....

Was versüßt euch den Alltag?

....

....

....

....

Welche Eigenarten vom jeweils anderen haben auf euch abgefärbt?

Sie .... *Er* ....

....

....

....

Was bringt eure Laune auf den Nullpunkt?

Sie .... *Er* ....

....

....

Wofür möchtet ihr dem anderen „Danke" sagen?

Sie .... *Er* ....

....

....

Welche kleinen Rituale habt ihr lieb gewonnen?

Sie .... *Er* ....

....

....

....

....

Was macht ihr am liebsten gemeinsam?

....

....

....

....

Was könntet ihr tun, damit eure Beziehung noch besser funktioniert?

....

....

....

....

Ein Tropfen
LIEBE IST MEHR
ALS EIN OZEAN
VERSTAND.

- Blaise Pascal -

5. Hochzeitstag

♥

Wie fühlt sich euer Leben an?

Sie .... *Er* ....

....

....

....

....

Wie sieht für euch der perfekte Abend zu zweit aus?

....

....

....

....

....

Welches Verhalten findet ihr am anderen ziemlich kurios?

Sie .... *Er* ....

....

....

....

Worum ging es in euem bisher größtem Streit?

....

....

....

Was tut ihr dem anderen zuliebe?

Sie .... *Er* ....

....

....

Was macht ihr am liebsten mir euren Freunden?

....

....

....

....

Wer sind eure besten Freunde?

Sie .... *Er* ....

....

Wofür hättet ihr gerne mehr Zeit?

Sie .... *Er* ....

....

....

....

....

Ein bisschen Platz für euch...

Für besondere Erinnerungen!

....

....

....

....

....

....

....

....

....

....

....

Das sind wir!
(Foto)

DEIN WORT IST
SÜSS, DOCH
SÜSSER IST
der Kuss,
DEN DU MIR
ABGEKÜSST.

- Heinrich Heine -

7. Hochzeitstag

♥

Welche Dinge liebt ihr besonders am anderen?

Sie .... Er ....

....

....

....

Wie sieht eine ganz normale Woche bei euch aus?

....

....

....

....

....

Was hat euch am jeweils anderen doch noch einmal überrascht?

Sie .... Er ....

....

....

....

....

Bei welcher Sache lasst ihr euch ungern reinreden?

Sie .... Er ....

....

....

....

Bei welchen Themen ist euch der Rat des anderen wichtig?

Sie .... Er ....

....

....

....

Gibt es etwas, das ihr ohne den anderen nie getan hättet?

Sie .... Er ....

....

....

....

Wovon träumt ihr beide?

....

....

....

Was könnt ihr tun um eure Träume zu verwirklichen?

....

....

....

Das verflixte 7. Jahr.
Wie habt ihr den besonderen
Hochzeitstag gefeiert?

Über welche Pannen oder Missgeschicke der letzten Jahre könnt
ihr heute lachen?

....

....

....

....

....

Eine Liebeserklärung...

Lasst euren Gedanken freien Lauf...

Sie

....

....

....

....

....

....

....

....

....

....

....

Er

....

....

....

....

....

....

....

....

....

....

....

DERJENIGE, DER NUR EINE FRAU KANNTE UND SIE *geliebt* HAT, WEISS MEHR ÜBER FRAUEN ALS DERJENIGE, DER TAUSEND KANNTE.

- Leon Tolstoi -

10. Hochzeitstag

♥

Welche besonderen Augenblicke der letzten Zeit werdet
ihr nie vergessen?

....

....

....

....

Was versüßt euch den Alltag?

....

....

....

....

Welche Eigenarten vom jeweils anderen haben auf euch abgefärbt?

Sie .... *Er* ....

....

....

....

....

Was bringt eure Laune auf den Nullpunkt?

Sie .... *Er* ....

....

....

....

Wofür möchtet ihr dem anderen „Danke" sagen?

Sie .... *Er* ....

....

....

....

Welche kleinen Rituale habt ihr lieb gewonnen?

Sie .... *Er* ....

....

....

....

....

Was macht ihr am liebsten gemeinsam?

....

....

....

....

Was könntet ihr tun, damit eure Beziehung noch besser funktioniert?

....

....

....

....

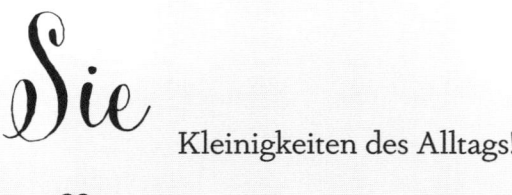

Sie Kleinigkeiten des Alltags!

♥

Das Leben ist zum Genießen da.
Was machst du gern, was tut dir gut?

....

....

Deine Hobbys

....

Deine Lieblingsmusik   Dein/e Lieblingsfilm /-serie

....

Dinge, die du immer in der Tasche hast

....

Dein Lieblingsessen   Dein liebster Platz

....

Datum ....

Er

Kleinigkeiten des Alltags!

♥

Das Leben ist zum Genießen da.
Was machst du gern, was tut dir gut?

....

....

Deine Hobbys

....

Deine Lieblingsmusik   Dein/e Lieblingsfilm /-serie

....

Dinge, die du immer in der Tasche hast

....

Dein Lieblingsessen   Dein liebster Platz

....

Datum ....

DIE SUMME

UNSERES LEBENS

SIND DIE STUNDEN,

IN DENEN WIR

liebten.

- Gottfried Leibniz -

15. Hochzeitstag

♥

Wie fühlt sich euer Leben an?

Sie .... Er ....

....

....

....

Wie sieht für euch der perfekte Abend zu zweit aus?

....

....

....

....

Welches Verhalten findet ihr am anderen ziemlich kurios?

Sie .... Er ....

....

....

....

....

Worum ging es in euem bisher größtem Streit?

....

....

....

....

Was tut ihr dem anderen zuliebe?

Sie .... Er ....

....

....

Was macht ihr am liebsten mir euren Freunden?

....

....

....

....

Wer sind eure besten Freunde?

Sie .... *Er* ....

....

Wofür hättet ihr gerne mehr Zeit?

Sie .... *Er* ....

....

....

....

....

....

Ein bisschen Platz für euch...

Für besondere Erinnerungen!

Das sind wir!
(Foto)

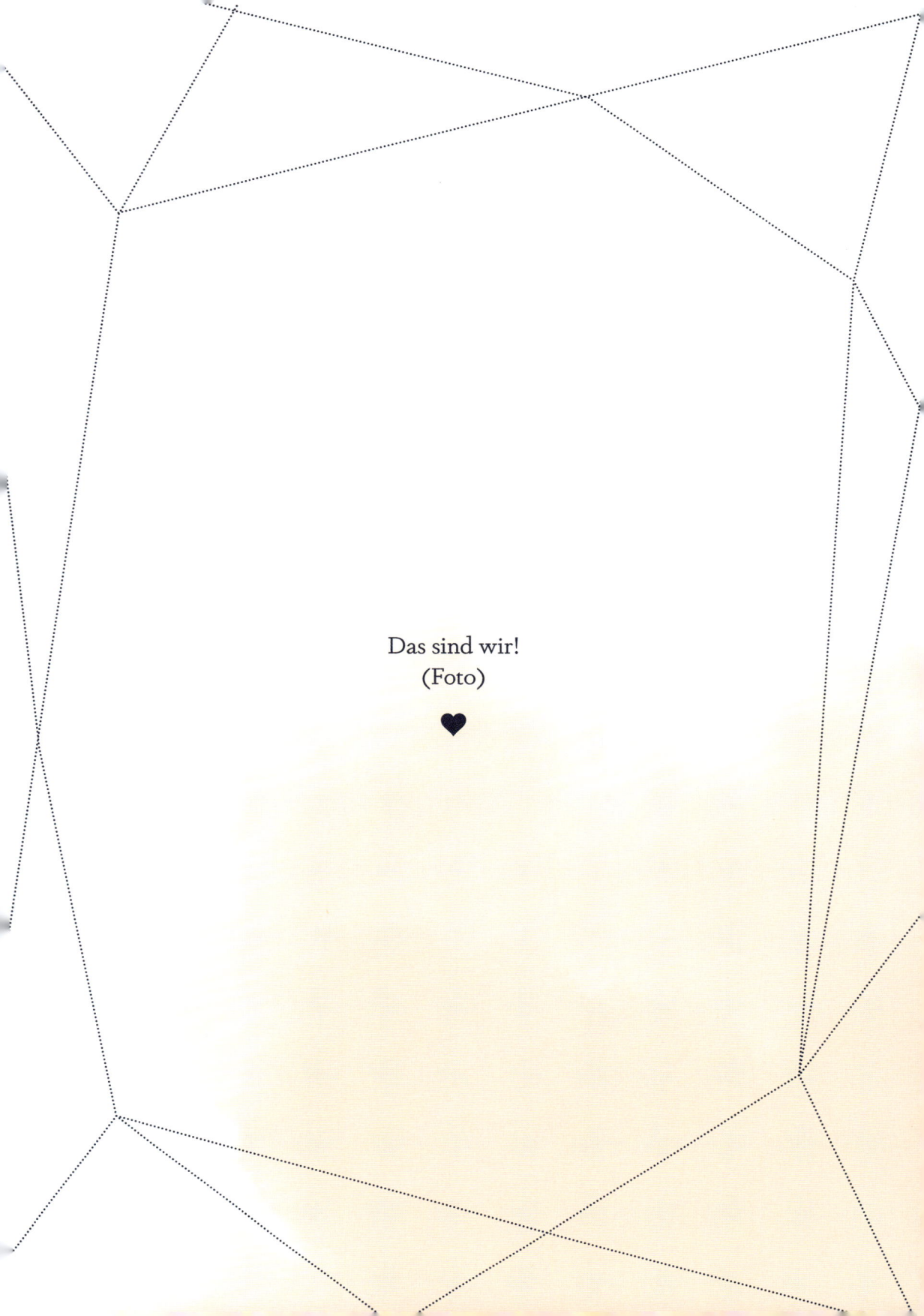

Unser Leben

KANN NICHT
IMMER VOLLER
FREUDE,
ABER IMMER
VOLLER LIEBE
SEIN.

- Thomas von Aquin -

20. Hochzeitstag

♥

Welche Dinge liebt ihr besonders am anderen?

Sie ....   Er ....

....

....

....

Wie sieht eine ganz normale Woche bei euch aus?

....

....

....

....

Was hat euch am jeweils anderen doch noch einmal überrascht?

Sie .... *Er* ....

....

....

....

Bei welcher Sache lasst ihr euch ungern reinreden?

Sie .... *Er* ....

....

....

Bei welchen Themen ist euch der Rat des anderen wichtig?

Sie .... *Er* ....

....

....

Gibt es etwas, das ihr ohne den anderen nie getan hättet?

Sie .... Er ....

....

....

....

Wovon träumt ihr beide?

....

....

....

....

Was könnt ihr tun um eure Träume zu verwirklichen?

....

....

....

....

Sie Kleinigkeiten des Alltags!

♥

Das Leben ist zum Genießen da.
Was machst du gern, was tut dir gut?

....

....

Deine Hobbys

....

Deine Lieblingsmusik   Dein/e Lieblingsfilm /-serie

....

Dinge, die du immer in der Tasche hast

....

Dein Lieblingsessen   Dein liebster Platz

....

Datum ....

Er

Kleinigkeiten des Alltags!

♥

Das Leben ist zum Genießen da.
Was machst du gern, was tut dir gut?

....

....

Deine Hobbys

....

Deine Lieblingsmusik   Dein/e Lieblingsfilm /-serie

....

Dinge, die du immer in der Tasche hast

....

Dein Lieblingsessen   Dein liebster Platz

....

Datum ....

Liebe

IST WIE EINE WUNDERTÜTE!

- Jole von Weißenberg -

25. Hochzeitstag

♥

Welche besonderen Augenblicke der letzten Zeit werdet
ihr nie vergessen?

....

....

....

....

Was versüßt euch den Alltag?

....

....

....

....

Welche Eigenarten vom jeweils anderen haben auf euch abgefärbt?

Sie .... *Er* ....

....

....

....

....

Was bringt eure Laune auf den Nullpunkt?

Sie .... *Er* ....

....

....

....

Wofür möchtet ihr dem anderen „Danke" sagen?

Sie .... *Er* ....

....

....

....

Welche kleinen Rituale habt ihr lieb gewonnen?

Sie ....   Er ....

....

....

....

....

Was macht ihr am liebsten gemeinsam?

....

....

....

....

Was könntet ihr tun, damit eure Beziehung noch besser funktioniert?

....

....

....

....

Silberhochzeit
Wie habt ihr den besonderen
Hochzeitstag gefeiert?

Über welche Pannen oder Missgeschicke der letzten Jahre könnt
ihr heute lachen?

....

....

....

....

....

Eine Liebeserklärung...

Lasst euren Gedanken freien Lauf...

Sie

Er

Zweifle an der
Sonne Klarheit,
Zweifle an der
Sterne Licht,
Zweifle, ob lügen
kann die Wahrheit,
nur an meiner
Liebe nicht.

- William Shakespeare -

30. Hochzeitstag

♥

Wie fühlt sich euer Leben an?

Sie .... Er ....

....

....

....

Wie sieht für euch der perfekte Abend zu zweit aus?

....

....

....

....

Welches Verhalten findet ihr am anderen ziemlich kurios?

Sie .... *Er* ....

....

....

....

....

Worum ging es in euem bisher größtem Streit?

....

....

....

....

Was tut ihr dem anderen zuliebe?

Sie .... *Er* ....

....

....

....

Was macht ihr am liebsten mir euren Freunden?

....

....

....

....

Wer sind eure besten Freunde?

Sie .... *Er* ....

....

Wofür hättet ihr gerne mehr Zeit?

Sie .... *Er* ....

....

....

....

....

....

ECHTE
Liebesgeschichten
GEHEN NIE
ZU ENDE.

- Marie von Ebner-Eschenbach -

40. Hochzeitstag

♥

Welche Dinge liebt ihr besonders am anderen?

Sie ....   Er ....

....

....

....

Wie sieht eine ganz normale Woche bei euch aus?

....

....

....

....

Was hat euch am jeweils anderen doch noch einmal überrascht?

Sie .... *Er* ....

....

....

....

Bei welcher Sache lasst ihr euch ungern reinreden?

Sie .... *Er* ....

....

....

Bei welchen Themen ist euch der Rat des anderen wichtig?

Sie .... *Er* ....

....

....

Gibt es etwas, das ihr ohne den anderen nie getan hättet?

Sie .... *Er* ....

....

....

....

....

Wovon träumt ihr beide?

....

....

....

....

Was könnt ihr tun um eure Träume zu verwirklichen?

....

....

....

....

Sie

Kleinigkeiten des Alltags!

♥

Das Leben ist zum Genießen da.
Was machst du gern, was tut dir gut?

....

....

Deine Hobbys

....

Deine Lieblingsmusik   Dein/e Lieblingsfilm /-serie

....

Dinge, die du immer in der Tasche hast

....

Dein Lieblingsessen   Dein liebster Platz

....

Datum ....

Er

Kleinigkeiten des Alltags!

♥

Das Leben ist zum Genießen da.
Was machst du gern, was tut dir gut?

....

....

Deine Hobbys

....

Deine Lieblingsmusik   Dein/e Lieblingsfilm /-serie

....

Dinge, die du immer in der Tasche hast

....

Dein Lieblingsessen   Dein liebster Platz

....

Datum ....

DAS WESENTLI-
CHE IM UMGANG
MITEINANDER
IST NICHT DER
GLEICHKLANG,
SONDERN DER
Zusammenklang.

- Ernst Ferstl -

50. Hochzeitstag

♥

Welche besonderen Augenblicke der letzten Zeit werdet
ihr nie vergessen?

....

....

....

....

Was versüßt euch den Alltag?

....

....

....

....

Welche Eigenarten vom jeweils anderen haben auf euch abgefärbt?

Sie .... Er ....

....

....

....

Was bringt eure Laune auf den Nullpunkt?

Sie .... Er ....

....

....

Wofür möchtet ihr dem anderen „Danke" sagen?

Sie .... Er ....

....

....

Welche kleinen Rituale habt ihr lieb gewonnen?

Sie .... *Er* ....

....

....

....

....

Was macht ihr am liebsten gemeinsam?

....

....

....

....

Was könntet ihr tun, damit eure Beziehung noch besser funktioniert?

....

....

....

....

Goldene Hochzeit
Wie habt ihr den besonderen
Hochzeitstag gefeiert?

Über welche Pannen oder Missgeschicke der letzten Jahre könnt
ihr heute lachen?

....

....

....

....

....

Eine Liebeserklärung...

Lasst euren Gedanken freien Lauf...

Sie ....

Er ....

....

....

....

....

....

....

....

....

....

....

....

Liebe

IST MEHR ALS

EIN GEFÜHL, SIE

IST DER MOTOR

DES LEBENS.

- Jole von Weißenberg -

60. Hochzeitstag

♥

Wie fühlt sich euer Leben an?

Sie .... *Er* ....

....

....

....

Wie sieht für euch der perfekte Abend zu zweit aus?

....

....

....

....

Welches Verhalten findet ihr am anderen ziemlich kurios?

Sie .... *Er* ....

....

....

....

....

Worum ging es in euem bisher größtem Streit?

....

....

....

....

Was tut ihr dem anderen zuliebe?

Sie .... *Er* ....

....

....

....

Was macht ihr am liebsten mir euren Freunden?

....

....

....

....

Wer sind eure besten Freunde?

Sie .... *Er* ....

....

Wofür hättet ihr gerne mehr Zeit?

Sie .... *Er* ....

....

....

....

....

Und noch ein bisschen Platz...

Für alles, was ihr noch loswerden möchtet!

....

....

....

....

....

....

....

....

....

....

....

Das sind wir!
(Foto)

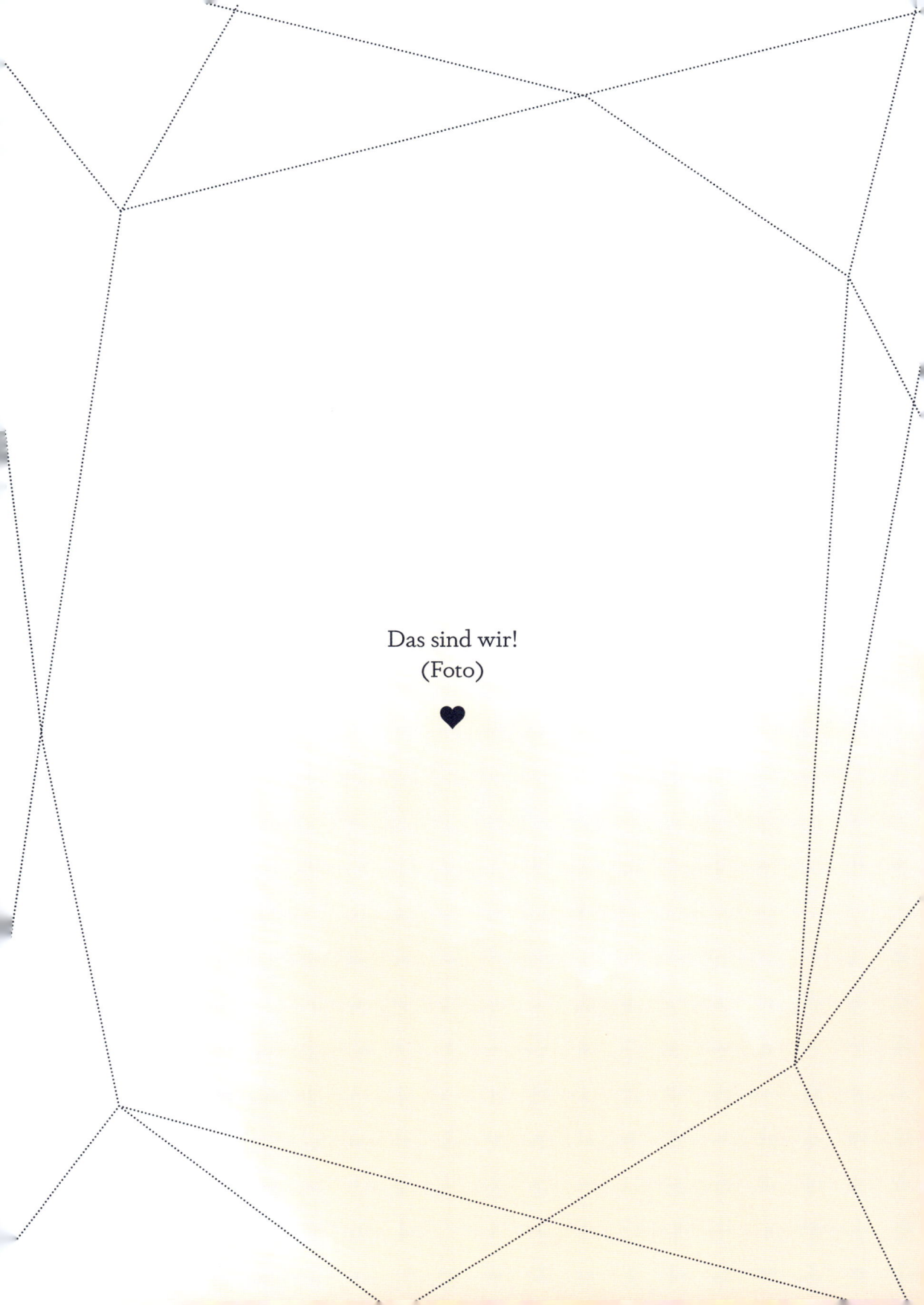

So viel Zeit zu zweit...

0.	Hochzeitstag: Grüne Hochzeit oder Weiße Hochzeit	15.	Hochzeitstag: Kristallhochzeit
0,5	Hochzeitstag: Traumhochzeit	16.	Hochzeitstag: Saphirhochzeit
1.	Hochzeitstag: Papierhochzeit	17.	Hochzeitstag: Orchideenhochzeit
2.	Hochzeitstag: Baumwollhochzeit	18.	Hochzeitstag: Türkishochzeit
3.	Hochzeitstag: Lederhochzeit	19.	Hochzeitstag: Perlmutthochzeit
4.	Hochzeitstag: Seidenhochzeit	20.	Hochzeitstag: Porzellanhochzeit
5.	Hochzeitstag: Holzhochzeit	21.	Hochzeitstag: Opalhochzeit
6.	Hochzeitstag: Zuckerhochzeit	22.	Hochzeitstag: Bronzehochzeit
7.	Hochzeitstag: Kupferhochzeit	23.	Hochzeitstag: Titanhochzeit
8.	Hochzeitstag: Blechhochzeit	24.	Hochzeitstag: Satinhochzeit
9.	Hochzeitstag: Keramikhochzeit	25.	Hochzeitstag: Silberhochzeit
10.	Hochzeitstag: Rosenhochzeit	26.	Hochzeitstag: Jadehochzeit
11.	Hochzeitstag: Stahlhochzeit	27.	Hochzeitstag: Mahagonihochzeit
12.	Hochzeitstag: Nickelhochzeit	28.	Hochzeitstag: Nelkenhochzeit
12,5.	Hochzeitstag: Petersilienhochzeit	29.	Hochzeitstag: Samthochzeit
13.	Hochzeitstag: Veilchenhochzeit	30.	Hochzeitstag: Perlenhochzeit
14.	Hochzeitstag: Elfenbeinhochzeit	31.	Hochzeitstag: Lindenhochzeit
		32.	Hochzeitstag: Seifenhochzeit

33.	Hochzeitstag: Zinnhochzeit	50.	Hochzeitstag: Goldene Hochzeit
34.	Hochzeitstag: Amberhochzeit	51.	Hochzeitstag: Weidenhochzeit
35.	Hochzeitstag: Leinwandhochzeit	52.	Hochzeitstag: Topashochzeit
36.	Hochzeitstag: Smaragdhochzeit	53.	Hochzeitstag: Uranhochzeit
37.	Hochzeitstag: Malachithochzeit	54.	Hochzeitstag: Zeushochzeit
37,5.	Hochzeitstag: Aluminiumhochzeit	55.	Hochzeitstag: Platinhochzeit
38.	Hochzeitstag: Feuerhochzeit	60.	Hochzeitstag: Diamanthochzeit
39.	Hochzeitstag: Sonnenhochzeit	61.	Hochzeitstag: Ulmenhochzeit
40.	Hochzeitstag: Rubinhochzeit	62.	Hochzeitstag: Aquamarinhochzeit
41.	Hochzeitstag: Birkenhochzeit	63.	Hochzeitstag: Quecksilberhochzeit
42.	Hochzeitstag: Granathochzeit	64.	Hochzeitstag: Himmelshochzeit
43.	Hochzeitstag: Bleihochzeit	65.	Hochzeitstag: Eisenhochzeit
44.	Hochzeitstag: Sternenhochzeit	67.	Hochzeitstag: Steinerne Hochzeit
45.	Hochzeitstag: Messinghochzeit	70.	Hochzeitstag: Gnadenhochzeit
46.	Hochzeitstag: Lavendelhochzeit	72,5.	Hochzeitstag: Juwelenhochzeit
47.	Hochzeitstag: Kaschmirhochzeit	75.	Hochzeitstag: Kronjuwelenhochzeit
48.	Hochzeitstag: Diademhochzeit	80.	Hochzeitstag: Eichenhochzeit
49.	Hochzeitstag: Zederne Hochzeit	100.	Hochzeitstag: Himmelshochzeit